Este livro é dedicado

aos Saltimbancos,

aos Malabaristas,

aos engolidores de fogo,

aos domadores de feras de todo tipo,

aos pierrôs e às colombinas,

aos mímicos,

aos titeriteiros,

aos carpinteiros

construtores de todos os sonhos,

aos iluminadores,

aos figurinistas,

aos atores e atrizes,

aos autores e diretores,

enfim

a todos aqueles

que dedicam sua

vida

à arte

do

teatro.

PRÊMIO JABUTI
MELHOR ILUSTRADOR
– 2000 –

PRÊMIO
ALTAMENTE RECOMENDÁVEL
– LIVRO INFORMATIVO –
pela

FUNDAÇÃO NACIONAL DO LIVRO
INFANTIL E JUVENIL
– 1999 –

OBRA SELECIONADA PARA A
BOLOGNA CHILDREN'S BOOK FAIR 2000
pela
FUNDAÇÃO NACIONAL DO LIVRO
INFANTIL E JUVENIL

PRÊMIO APCA
MELHOR LIVRO INFANTIL
– 1999 –

FINALISTA NO IX PRÊMIO
"FERNANDO PINI"
DE EXCELÊNCIA GRÁFICA
concedido pela
Associação Brasileira de Tecnologia Gráfica – ABTG
e pela
Associação Brasileira da Indústria Gráfica – ABIGRAF

Teatro

No Caminho Das Artes

Texto e Ilustrações

5ª edição

Raquel Coelho

Conforme a nova ortografia

Formato

Teatro é uma das artes mais gostosas de fazer. Fazendo teatro você pode brincar de ser muitas pessoas diferentes. Pode ser um vampiro, um rei, uma princesa... Personagens conhecidos, como Napoleão, Cleópatra, ou tipos interessantes, como mendigos, astrônomos, bailarinos, mágicos...

Fazendo teatro a gente experimenta ser o que não é, e tem ideia de como seria a vida se a gente fosse outra pessoa, fazendo coisas diferentes das coisas que a gente faz todo dia, vivendo em outro tempo e em outro lugar.

Mas... como surgiu o teatro na história do homem?

Foi há muitos anos, pois o teatro é uma arte muito antiga.

O homem é um animal muito curioso. Dá pra imaginar direitinho, quando os homens ainda viviam nas cavernas, a curiosidade que deviam sentir sobre tudo o que estava à sua volta.

Naquela época, os homens já deviam ficar imaginando como era ser um bisão, um leão, um pássaro. Talvez esses homens das cavernas até ficassem brincando de imitar os bichos, reproduzindo os seus ruídos e seus movimentos, imitando o olhar, um jeito especial de se coçar ou de comer... Talvez essa imitação até servisse para contar, sem palavras, como foi uma caçada especialmente difícil, os caçadores esperando atrás de uma pedra e cercando o animal, depois atacando e lutando até conseguir, com muito esforço, dominar a caça.

Você consegue pensar em um jeito de contar tudo isso aos seus amigos usando todo o seu corpo, fazendo sons e movimentos, como se fosse tudo de verdade? Pois essa história movimentada, encenada há milênios por nossos ancestrais, pode ter sido a primeira peça de teatro...

Depois do tempo das cavernas, os homens começaram a se organizar mais. Aprenderam a plantar e colher, e assim podiam se fixar em um só lugar, em vez de viver mudando em busca de caça ou de outros tipos de alimentos.

E foram melhorando seu modo de vida, criando moradias, roupas e objetos que ajudavam no dia a dia. Assim, criaram também as primeiras cidades.

Nessas cidades, as pessoas continuavam curiosas, continuavam imaginando coisas...

Imaginavam como seria a vida se, em vez de humano, a gente fosse um bisão, um leão ou um pássaro... ou como tudo seria diferente se a gente fosse um rei, um ladrão, um astrônomo, um escravo. Provavelmente, essas pessoas, curiosas e cheias de imaginação, faziam também suas encenações, contando histórias vividas ou inventadas, se fantasiando, descobrindo maneiras incríveis de imitar sons e movimentos, e encantando muita gente com sua arte.

Em muitas culturas antigas, como na Babilônia, Pérsia e Egito, a religião era uma presença fortíssima. As formas de religião variavam, mas quase sempre as divindades eram ligadas às forças da natureza. Nessas culturas, as encenações e imitações também serviam como rituais, pois as pessoas daquela época acreditavam que por intermédio desses ritos seria possível criar uma comunicação mágica com a natureza, e assim favorecer a caça, as chuvas, a colheita.

Os elementos desses rituais, mais tarde, serviram para a criação do teatro.

tempo foi passando e os homens se modificaram. Muitas cidades surgiram, muitos povos, muitas culturas. Uma das mais interessantes culturas do passado se desenvolveu na Grécia. Lá o teatro floresceu com muita força e com um jeito próprio, que acabou influenciando o teatro de todo o Ocidente, desde aquela época até os dias de hoje.

Na Grécia antiga, as pessoas cultuavam inúmeros deuses e deusas, que representavam as diferentes faces da vida e da natureza. Havia o deus do trovão, o deus da beleza, o deus do Sol, a deusa da Lua e muitos outros. Um dos deuses mais amados pelo povo grego era Dionísio (ou Dioniso), o deus do vinho, da alegria, da abundância. Havia festas populares especialmente dedicadas a esse deus, e nelas o povo cantava, dançava e bebia muito vinho.

Um dos pontos altos dessas festas era a apresentação de uma poesia chamada *ditirambo*, cantada em coro e com uma parte narrativa. Nos primeiros ditirambos, os cantores e atores cultuavam apenas o deus Dionísio. Depois, os temas foram se ampliando e as histórias passaram a incluir outros deuses e heróis. Começaram a surgir os elementos essenciais de uma boa trama teatral: os conflitos entre homem e deus, Bem e Mal, pai e filho, dever e prazer...

Um fato interessante é que só os homens podiam representar. Eles faziam também os papéis femininos, e talvez por causa disso os gregos começaram a utilizar um adereço muito criativo, que até hoje muita gente gosta de usar em festas e encenações: a máscara.

ditirambo foi se modificando e passou a integrar um festival maior chamado Dionísia Urbana. Nesses festivais, algo muito importante aconteceu: um dos participantes do coro, personificando um deus ou herói, passou a dialogar com o coro. Foi a primeira vez que uma pessoa comum fez o papel de um deus ou herói, e desse modo surgiram os primeiros atores.

A partir daí, os atores foram se dedicando cada vez mais à sua arte, e o teatro começou a ficar parecido com o teatro que conhecemos hoje em dia.

Os espetáculos passaram a se diferenciar dos cultos religiosos, realizando-se em um lugar construído especialmente para essa finalidade. A forma desse teatro era muito interessante: arredondado como um estádio de futebol, com a plateia disposta em arquibancadas em torno de uma área arredondada onde ficava o coral e onde aconteciam as danças; no fundo dessa área, havia alguns degraus que levavam a uma plataforma retangular, estreita, onde a ação acontecia, como no palco que conhecemos hoje. Esse tipo de construção ficou conhecido como *teatro de arena*.

Naquela época, ainda na Grécia, algumas pessoas começaram a escrever peças de teatro. Havia histórias de dois tipos: as trágicas e as cômicas. Algumas dessas histórias falam sobre coisas tão importantes que até hoje são representadas em vários países do mundo.

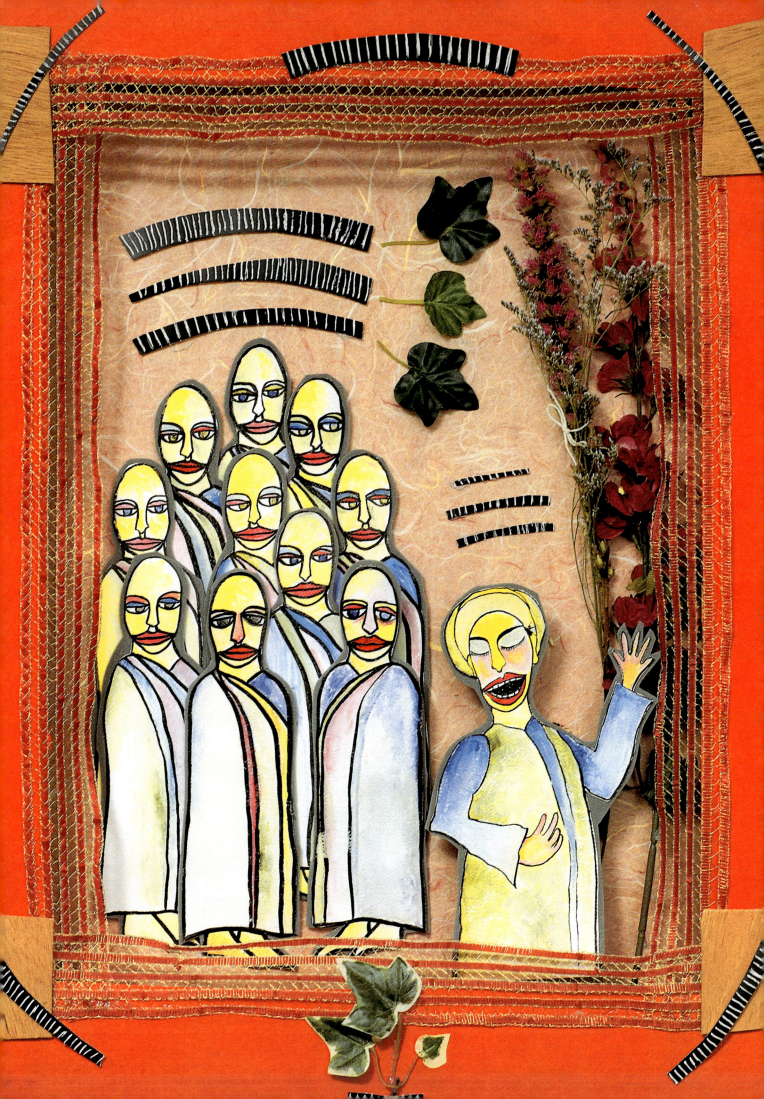

Depois da queda do Império Romano, no século V d. C., iniciou-se uma série de invasões e guerras, que interromperam a evolução de todas as artes. O teatro só ressurgiu muito tempo depois, lá pelo século XII. Nessa época, o teatro foi muito usado pela Igreja como uma forma de contar as histórias religiosas e ganhar novos adeptos.

Paralelamente, surgiu um outro tipo de teatro, que se tornou bastante popular. Isso aconteceu na Europa, durante a Idade Média, um período que durou muitos séculos (de 700 d. C. até meados do século XVI).

Os atores e atrizes desse tipo de teatro estavam sempre viajando, como os ciganos. Eram chamados de *saltimbancos*. Em suas carroças amontoadas, levavam todo tipo de coisas: cenários, figurinos e histórias. As carroças serviam como transporte e como casa, e até mesmo como palco. As peças podiam ser engraçadas ou trágicas, e os grupos de atores, chamados de *trupes*, viajavam de vila em vila, mostrando sua arte para quem quisesse ver, nas pequenas ruas, praças e castelos. Foi daí que surgiu o circo, que até hoje é um espetáculo viajante, sempre chegando e partindo, perambulando por muitos e diferentes lugares.

Naquela época, a Igreja tinha um grande poder. O clero, que era o grupo de pessoas que formavam a Igreja, queria decidir quais histórias seriam contadas, mas os saltimbancos gostavam de escolher seus próprios temas.

Por isso, os saltimbancos viviam viajando: para ter liberdade de expressão, fora do alcance e do controle da Igreja. Havia também outro motivo: as vilas daquela época eram muito pequenas, e em pouco tempo todo o povo já tinha assistido às peças. Era preciso então procurar outro lugar, encontrar um novo público.

Com o passar dos anos, essa situação foi mudando. As pequenas vilas foram crescendo e se transformando em cidades. O comércio também se desenvolveu. Havia artesãos que fabricavam todo tipo de produtos.

As caravanas de atores puderam se fixar nas cidades, e foram construídos espaços próprios para os espetáculos. Surgiu então o teatro como conhecemos hoje, com palco e plateia. As pessoas que faziam teatro foram se aperfeiçoando cada vez mais, e começaram a se especializar. As histórias ficaram mais longas e mais profundas.

A escrita, que até então era um privilégio do clero, se difundiu. Muita gente aprendeu a ler e escrever. Com a invenção da imprensa, as pessoas que se dedicavam a escrever peças teatrais puderam imprimir, publicar e divulgar o seu trabalho.

No século XIV, começou a surgir na Itália um movimento de renovação. Tudo se modificava: a pintura, a arquitetura, o teatro, a música, a astronomia, a medicina, a literatura. Esse período ficou conhecido como *Renascimento* e influenciou vários países da Europa. O teatro se desenvolveu muito. Foi quando surgiu a ópera, mistura de música com teatro.

Outro importante tipo de teatro que surgiu na Itália foi a *commedia dell'arte*.

Innamorata

Pantalone

As apresentações dos grupos de *commedia dell'arte* eram bem engraçadas. Os atores improvisavam todos os diálogos, ou seja, eles não decoravam as falas. Sabiam o que ia acontecer na história e iam improvisando na hora. Esses atores eram incríveis: uma mistura de dançarinos, cantores, acrobatas, comediantes e mímicos! Faziam sempre os mesmos papéis, e sempre usavam máscaras. Eles se identificavam tanto com os personagens que às vezes até adotavam o seu nome na vida real! Alguns dos tipos mais conhecidos da *commedia dell'arte* são o Polichinelo, o Arlequim, os Enamorados, o Capitão, a Colombina, o Pantaleão... Você, com certeza, já ouviu falar de alguns deles...

Arlecchino   Il Capitano

Em 1564, na Inglaterra, nasceu William Shakespeare. Era filho de um comerciante e casou-se muito novo, aos dezenove anos. Sua grande paixão era o teatro.

Shakespeare ficou logo famoso. Trabalhou primeiro como ator, depois chegou a possuir uma casa de espetáculos junto com outros sócios. E escreveu peças teatrais que são muito conhecidas e encenadas até hoje, no mundo todo. Suas histórias são cheias de humor e também de drama. Seus personagens pertencem a várias classes sociais, e por isso as montagens de suas peças agradavam tanto aos reis e rainhas quanto ao povo mais simples.

Você já ouviu falar de *Hamlet*, do *Rei Lear* ou de *Romeu e Julieta*? Pois esses são alguns dos personagens das belíssimas histórias que Shakespeare escreveu especialmente para o teatro.

Enquanto isso, no outro lado do mundo, os orientais tratavam também de inventar sua própria forma de fazer teatro. Os japoneses inventaram o Nô e o Kabuki, que existem até hoje. Nessas duas formas de teatro, a natureza é o elemento principal, e as histórias falam sobre animais existentes ou imaginários, e também sobre o fogo, a água, o ar, o trovão.

Como na Grécia, as mulheres não podiam representar, e os homens faziam todos os papéis. As roupas eram feitas com muitos enfeites e detalhes, e as máscaras eram belíssimas. Os japoneses ficaram craques também num outro recurso precioso: a maquiagem. Até tintas especiais foram inventadas, só para o teatro! Era também muito comum que os atores se dedicassem a fazer um só personagem, estudando e se aperfeiçoando durante a vida inteira. Algumas peças do teatro Nô e do Kabuki continuam a ser representadas, sem nenhuma modificação. São histórias eternas, que os atores contemporâneos fazem questão de encenar da mesma forma que os atores faziam no passado, mantendo assim uma tradição de mais de mil anos.

Dessa época até os dias de hoje muita coisa mudou no Oriente e também no Ocidente. Os meios de comunicação tiveram uma grande evolução: foram inventados o telefone, a televisão, o computador, o satélite. O mundo inteiro está em contato, e as pessoas que se interessam por teatro e trabalham nessa área podem facilmente pesquisar o passado e trocar ideias com artistas de outros países.

Hoje, há várias maneiras de representar as montagens de peças do teatro grego, de Shakespeare, Nô e Kabuki... Enfim, se faz teatro como antigamente, ao mesmo tempo que novas formas de representação são pesquisadas.

Os profissionais de teatro trabalham cuidadosamente cada detalhe de uma peça. Para isso, existem pessoas que se especializaram em fazer a iluminação, outras que só se preocupam com o cenário, outras com o figurino, outras ajudam a preparar os atores, com exercícios para a voz, para o corpo e para a interpretação.

As grandes montagens envolvem uma equipe de iluminadores, cenógrafos, figurinistas, músicos, diretores, atores e outros profissionais, todos trabalhando juntos para chegar a um só resultado: encantar o público com a magia do teatro.

Essa magia também acontece em algumas divertidas formas de teatro do passado que são recriadas hoje: o teatro de sombras, o teatro de bonecos, o teatro de rua...

O teatro medieval dos saltimbancos acabou tomando uma forma curiosa no século XX: existem muitas pessoas que se dedicam exclusivamente a criar montagens para apresentar nas ruas. Para isso, esses grupos se utilizam muitas vezes das técnicas circenses, como a perna de pau, o malabarismo, as cenas exageradas, coloridas e exuberantes... e, é claro, muita música e muita dança. Como as apresentações são feitas nas ruas e praças, em geral não se cobra ingresso: os atores costumam passar um chapéu, recolhendo doações da plateia. As pessoas colocam no chapéu sua contribuição, que muitas vezes é dada em dinheiro, mas que pode vir também na forma de bilhetinhos, flores ou qualquer outra coisa que expresse o agradecimento do público aos artistas.

Um dos pontos interessantes do teatro de rua é a sensação de proximidade entre a plateia e os atores. Também é interessante o fato de que os atores procuram sempre adaptar as peças a novos espaços, já que as mesmas histórias muitas vezes são apresentadas em diferentes ruas, praças e cidades.

Algumas cidades organizam grandes festivais de teatro de rua. Os passantes, indo para o trabalho, para casa ou para a escola, com certeza ficam maravilhados com esse espetáculo tão original!

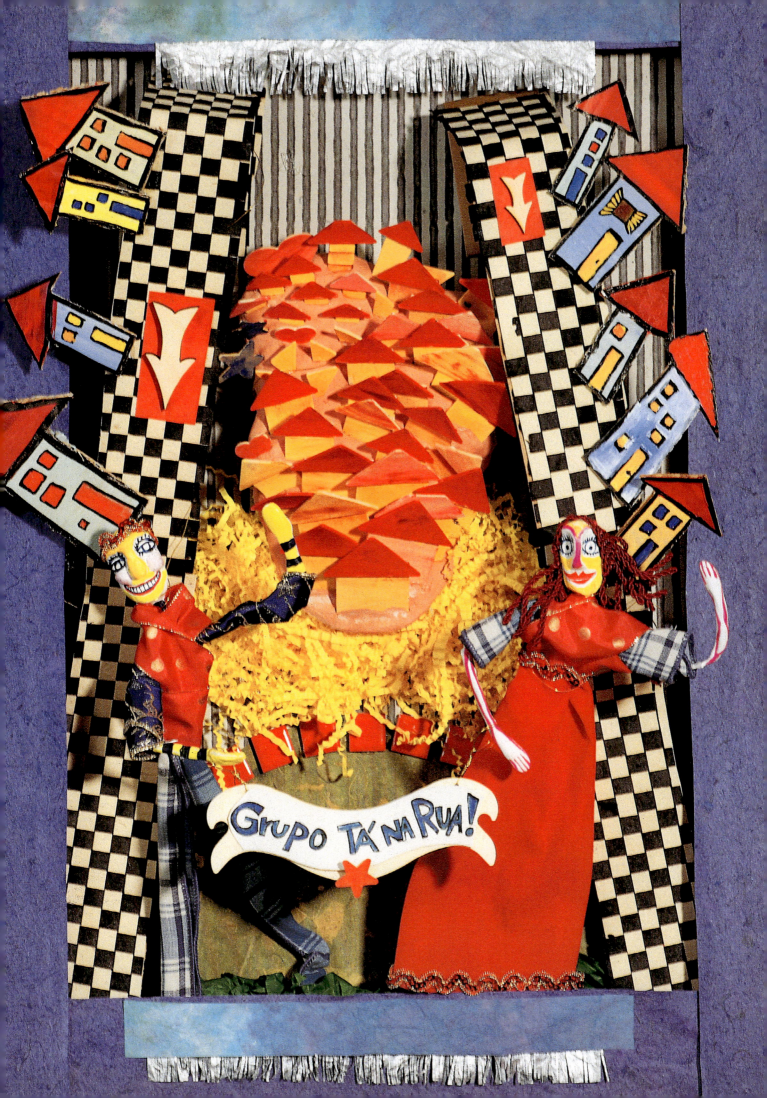

O teatro de bonecos também encanta muitas pessoas. Técnicas e materiais tão diversos como o pano, a espuma, a madeira e o isopor são usados na confecção dos bonecos. Para dar a esses bonecos vida e voz de ator e de personagem é necessário muito treino e dedicação.

Marionetes, bonecos de vara, o teatro negro e o teatro de sombras: cada técnica possui seu segredo, que deve ser dominado pelo *titeriteiro*, que é o artista que manipula os bonecos. O titeriteiro geralmente não pode aparecer. Fica agachado ou escondido atrás dos palcos pequenos, que são construídos especialmente para essas apresentações. Ou então se veste de preto e fica no escuro, na frente de uma cortina preta, e só os bonecos se destacam.

Teatro de bonecos atrai especialmente as crianças, mas é feito também para adultos. Em vários países do mundo existem tradições riquíssimas de teatro de bonecos, como o Bunraku, do Japão, o teatro de sombra, da Turquia, China e Tailândia, os bonecos de vara, de Java, e muitos outros pelo mundo afora. Muitas vezes, as tradições e técnicas de construção e manipulação de bonecos são passadas de geração para geração, na mesma família.

Existem verdadeiros teatros construídos para as apresentações de teatro de bonecos: alguns são belíssimos e muito bem decorados por dentro e por fora, outros são pequenos, com cadeiras também pequeninas na plateia, especiais para o público infantil.

E veja só: até teatro sem palavras as pessoas fazem. É a *mímica*, uma forma de representação que procura estudar e compreender os movimentos do corpo e as expressões do rosto humano. É um tipo de teatro diferente, que busca expressar emoções do modo mais simples e essencial: por meio dos gestos. Para a alegria, o sorriso. Para a tristeza, uma lágrima. O amor, o medo, a curiosidade... Cada sentimento tem seu movimento próprio. Andar na ponta dos pés, procurar abrigo e aconchego, se esconder tremendo de medo... Esse teatro é quase uma dança, pois o corpo e seus gestos é que são o instrumento da comunicação.

Existem muitas culturas maravilhosas, em diferentes partes do mundo, e por causa disso existem também diversas tradições da arte de fazer teatro. O teatro na Índia já existe há muito tempo e tem formas variadas. As histórias são em geral parte da mitologia indiana, muito antigas e populares. Entre essas histórias, uma das mais importantes é o *Ramayana*, a história do rei Rama.

Na Índia, o teatro e a dança estão sempre juntos. Tão juntos que, na maioria dos dialetos indianos, existe uma palavra que significa *dança* e *teatro* ao mesmo tempo!

Posturas e movimentos corporais são importantíssimos no teatro indiano: os atores-dançarinos estudam durante anos, e se aprofundam muito na arte de se expressar por meio do corpo. Quando estão no palco, adotam posturas especiais de mãos, pés, olhos, enfim, de cada pedacinho do corpo, para contar histórias, interpretar diferentes personagens e diferentes emoções.

Na China, o teatro vem quase sempre acompanhado de canto. Uma das formas mais populares de teatro chinês é a chamada ópera de Pequim, um espetáculo intrigante. Os atores usam belíssimos figurinos e maquiagens que parecem pinturas! Na Tailândia, também se faz um teatro colorido, musicado e dançado, às vezes sério, outras vezes muito engraçado. As peças costumam ser longas: podem durar oito, doze horas, ou até mesmo semanas inteiras!!!

 no Brasil?

O teatro veio para o Brasil trazido pelos portugueses, logo após o Descobrimento. Entre os primeiros portugueses que chegaram ao Brasil naquela época, estavam os jesuítas, padres que vieram para cá com o objetivo de catequizar os índios. Um deles foi o padre Anchieta, que escreveu muitas peças teatrais, sempre com temas religiosos. Algumas peças foram escritas em três línguas: espanhol, português e tupi.

Depois disso, o teatro no Brasil passou por um longo vazio, e só foi ressurgir mesmo lá pela metade do século XVIII. Em muitas cidades do Brasil, foram construídas casas de espetáculo, para teatro. A mais antiga surgiu na cidade de Vila Rica, hoje Ouro Preto. O pequeno e charmoso teatro de Ouro Preto ainda está lá, bonito e conservado, e é considerado o mais antigo da América do Sul. Nele foram encenadas peças de autores locais, assim como de autores europeus.

Naquele tempo, Ouro Preto era uma cidade riquíssima, e havia grande movimentação cultural. Muitos artistas vinham da Europa para entreter as pessoas que estavam enriquecendo com o ouro e as pedras preciosas de Minas Gerais. E para uma boa diversão, nada como uma boa peça de teatro! É claro que ir ao teatro era também uma oportunidade de os ricos desfilarem pela cidade com suas belas roupas e joias, trotando pelas ladeiras nas suas luxuosas carruagens...

Como em Ouro Preto, com o passar do tempo outras cidades do Brasil também foram construindo teatros: Rio de Janeiro, São Paulo… Até mesmo no meio da floresta amazônica! Isso se deu porque a exploração da borracha na Amazônia enriqueceu muita gente, o que propiciou a construção, na cidade de Manaus, de um belíssimo teatro, todo feito com mármores e cristais importados. Muitas companhias teatrais e de ópera foram trazidas da Europa para entreter os ricos senhores da borracha.

O teatro no Brasil ficou bastante tempo, da época do Descobrimento até o começo do século XX, muito vinculado à Europa, pois as pessoas achavam que só o que se fazia na Europa era bom.

Mas lá por volta de 1940 as coisas começaram a mudar...

A partir daquele ano, surgiram grupos que deram grande impulso à arte teatral no país. Um dos mais famosos foi o Teatro Brasileiro de Comédia, o TBC, que, apesar de privilegiar as montagens de peças de autores estrangeiros, reuniu muita gente talentosa, que fazia montagens competentes e de temas variados, atraindo uma grande quantidade de pessoas ao teatro.

Mas muitos artistas queriam fazer um teatro que valorizasse mais a cultura brasileira. Surgiu então, na década de 1960, o Teatro de Arena, e logo depois o Teatro Opinião e o Oficina, que só apresentavam peças de autores brasileiros.

Esses grupos foram muito importantes na criação de um teatro nacional por isso fizeram história... Muitos autores brasileiros passaram a escrever importantes peças teatrais com reflexões sobre a sociedade brasileira, a política e os costumes. Essas peças faziam as pessoas pensarem sobre o Brasil...

De 1960 para cá se fez tanto teatro no Brasil que daria para escrever um livro inteiro só sobre isso. Para resumir, o que se pode dizer é que o teatro no Brasil tem como características a originalidade, a irreverência, a livre expressão de ideias, a visão crítica da sociedade e do mundo, e o humor, que está sempre presente...

Hoje em dia, podemos desfrutar de uma grande riqueza no teatro: ter tudo o que existiu no passado, convivendo com coisas da atualidade. As histórias são muito variadas: contos modernos, de autores ainda vivos, coexistem com os clássicos, que ajudaram a fazer a história do teatro. E assim também acontece com as diversas técnicas que os atores usam para representar.

O teatro faz parte da vida de todos nós. Há teatro nas brincadeiras de criança, há teatro na rua, há teatro no teatro. O teatro está nas escolas e até nos hospitais. Pois teatro não precisa ser feito só por profissionais especializados e artistas. Ele pode ser feito por qualquer um que goste de representar, de imaginar histórias, de viver personagens. E como quase todo mundo gosta dessas coisas, o teatro está vivo em muitos e diferentes lugares.

Teatro diverte e ajuda as pessoas a expressar as próprias emoções. Mas ele também é, sempre foi, uma maneira que as pessoas encontraram de investigar o seu tempo. De tentar descobrir o que é o amor, o medo, o ódio, a amizade. De tentar entender – e aceitar – a ideia de morte. De tentar compreender melhor o papel do homem na cultura e na sociedade, suas relações, suas alegrias, suas angústias.

Não é incrível? O teatro mudou tanto, já teve tantas formas diferentes... mas continua sendo um modo de as pessoas estarem juntas, brincando, representando, imaginando como é ser um rei, um ladrão, um astrônomo, um louco, uma bailarina...

...um bisão,
um leão,
um pássaro.

REFERÊNCIAS BIBLIOGRÁFICAS

ABRAMS, Phyllis Harnoll. The concise history of theatre. New York: Incorporated, 1969.

AMARAL, Ana Maria. Teatro de formas animadas. São Paulo: Edusp, 1993. (Série Texto e Arte, 2.)

BARBA, Eugenio; SAVARESE, Nicola. The secret art of the performer: a dictionary of theatre anthropology. London and New York: Routledge, 1991.

BRANDÃO, Junito de Souza. Mitologia grega. 2. ed. Petrópolis: Vozes, 1986. v. 1.

D'ONOFRIO, Salvatore. Teoria do texto: teoria lírica e do drama. São Paulo: Ática, 1995. v. 2.

ENCICLOPÉDIA, Mirador. São Paulo. Encyclopaedia Britannica do Brasil, 1975.

HAMILTON, Edith. A mitologia. Lisboa: Dom Quixote, 1983.

HAUSER, Arnold. História social da literatura e da arte. São Paulo: Mestre Jou, 1972. v. 1.

MAGNO, Albino Pereira. Dicionário mitológico. 2. ed. Lisboa: Francisco Franco, s.d.

PEIXOTO, Fernando. O melhor teatro do CPC da UNE. São Paulo: Global, 1989.

PEIXOTO, Fernando. O que é teatro. 2. ed. São Paulo: Brasiliense, 1989.

WEBSITES

Enciclopédia Britânica *on-line*: http://www.eb.com/
http://www.webindia.com/artindia/s4.htm
http://www.wesleyan.edu/~kpoursine/intro.htm

Oi, eu sou a Raquel. Estou escrevendo um pouco pra te contar quem sou e por que resolvi criar a coleção *No Caminho das Artes*.

Sempre adorei artes. Todas elas. Quando era bem pequena, eu adorava desenhar, tocar violão, dançar, escrever histórias, fazer teatro. Fui crescendo e continuei gostando de tudo isso e até resolvi transformar essa paixão em profissão. Toquei viola em orquestra, desenhei cenários e figurinos para peças teatrais, dancei, cantei e hoje faço desenho animado e escrevo e ilustro livros infantis, que venho publicando desde 1986.

Foi essa minha vida, sempre misturando e experimentando um pouco de todas as artes, que me fez pensar em escrever livros que falassem um pouco sobre cada uma delas.

Resolvi fazer um texto leve e uma ilustração brincalhona, juntando coisas que achava na rua com bonecos que eu mesma construí e colagens em papel feito a mão. Foi bem divertido criar tudo isso! E o meu maior sonho era que os leitores começassem a sentir um gosto todo especial pelas artes, não só para apreciar, mas também para vivenciar, brincando, fazendo e experimentando.

Espero que isso aconteça com você...

Um lembrete: é claro que o livro *Teatro* não fala sobre *todos* os tipos de teatro que existiram e existem no mundo! Existiu e existe muito mais teatro por aí do que caberia nestas páginas... Portanto, ainda há muito mais para pesquisar e descobrir. Se você sentiu aquela pontinha de paixão pelo teatro e tem vontade de saber mais sobre ele, não perca tempo. Procure se informar lendo livros em bibliotecas e em livrarias e conversando com adultos, professores, artistas e também com amigos. Busque informações na escola, nas revistas, nos jornais... e, é claro, sempre que tiver oportunidade, procure ir ao teatro e assistir a uma boa peça.

Raquel Coelho

...nasceu em Belo Horizonte, Minas Gerais.

Formada em Desenho Industrial pela FAAP (São Paulo), trabalhou com crianças (Arte-Educação), entre diversas outras atividades, sempre relacionadas às artes em geral.

Raquel escreve e ilustra livros para crianças desde os 21 anos, e seu trabalho se caracteriza sobretudo por pesquisa e experimentação constantes, o que a faz estar sempre inovando – e se renovando como artista e como pessoa.

Desde 1994, Raquel mora nos Estados Unidos, onde é professora universitária e ensina a arte da animação no departamento de Design da San Jose State University.

FICHA CATALOGRÁFICA

Dados Internacionais de Catalogação na Publicação (CIP)
(Câmara Brasileira do Livro, SP, Brasil)

Coelho, Raquel –
Teatro/ [texto e ilustrações] Raquel Coelho.
– São Paulo: Formato Editorial, 1999.
– (No Caminho das Artes)

ISBN 978-85-7208-227-3

1. Literatura infantojuvenil 2. Teatro infantil I. Título. II. Série.

98-4010   CDD-028.5

Índice para catálogo sistemático:
1. Teatro: Literatura infantojuvenil   028.5

7ª tiragem, 2017

Texto, Ilustrações e Projeto Gráfico
© 1999 RAQUEL COELHO

Editoria
SONIA JUNQUEIRA

Coordenação de Arte
NORMA SOFIA

Produção Gráfica
JOSÉ AUGUSTO BARROS

Secretaria Editorial
SONIA MARCIA CORRÊA

Editoração Eletrônica
FABRÍCIO J. CARDOSO CUNHA

Preparação de Texto
MARGARET PRESSER

Revisão Final
ELZIRA DIVINA PERPÉTUA

Impressão e acabamento
RENOVAGRAF

Direitos reservados à
SARAIVA Educação S.A.
Avenida das Nações Unidas, 7.221 – Pinheiros
CEP 05425-902 – São Paulo – SP
www.editorasaraiva.com.br

Tel.: (0xx11) 4003-3061
atendimento@aticascipione.com.br

Proibida a reprodução total ou parcial desta obra sem o
consentimento por escrito da editora.

CL: 811028
CAE: 602146

Colaborações especiais:

Revisão Técnica
    BÁRBARA HELIODORA (Crítica de Teatro)

Fotografia
    ANUSKA R. LEMOS
    HILMAR KOCH

Logotipo da Coleção
    OLIVIER HEITZ